이 책의 한국어판 저작권은 북마루코리아를 통해 Actes Sud와 독점 계약한 ㈜도서출판 한울림에 있습니다.
신저작권법에 의하여 한국 내에서 보호를 받는 저작물이므로 무단 전재와 무단 복제를 금합니다.

Demain entre tes mains
Text by Cyril Dion and Pierre Rabhi
Illustrations by Costume 3 Pièces
Copyright © 2017, Actes Sud
Korean translation copyright © 2018, Hanulim Publishing Co., Ltd.
This Korean edition is published by arrangement with Actes Sud through Bookmaru Korea literary agency.
All rights reserved.

이 책의 한국어판 저작권은 북마루코리아를 통해 Actes Sud와 독점 계약한 ㈜도서출판 한울림에 있습니다.
신저작권법에 의하여 한국 내에서 보호를 받는 저작물이므로 무단 전재와 무단 복제를 금합니다.

내일을 바꾸는 작지만 확실한 행동

시릴 디옹·피에르 라비 글
코스튐 트루아 피에스 그림
권지현 옮김

한울림어린이

책머리에

어린이 여러분에게,

시릴 디옹을 처음 만난 건 몇 년 전이었어요. 우리는 공통점이라고는 하나도 없었지요. 나는 사막의 나라 알제리에서 태어난, 일흔이 다 된 아버지이자 할아버지였습니다. 시릴은 서른 살에 아이들도 어렸고요. 하지만 다르다고 해서 친구가 될 수 없는 건 아닙니다. 우리는 함께 '콜리브리'라는 환경 보호 단체를 만들었습니다. 더 나은 세상을 만들고 싶은 마음이 똑같았기 때문에 우리 두 사람은 가까워질 수 있었어요.

우리는 많은 시간 서로의 생각과 의견을 나누었고(때로는 기나긴 회의로 이어지기도 했고) 함께 웃었습니다. 우리는 본문에도 소개된 벌새 이야기에 감동해서 시민운동을 하기로 했습니다. 우리가 만든 단체 이름 콜리브리는 프랑스어로 '벌새'라는 뜻이랍니다. 지금은 우리와 뜻을 같이 하는 사람들이 많아져서 매우 기쁩니다.

환경 다큐멘터리 영화 〈내일〉을 만들어 좋은 반응을 얻은 시릴은, 영화에 이어 환경이 동물과 식물 같은 생명체의 삶에 얼마나 중요한지 다시 한 번 이야기하고 싶어 했습니다. 여러분도 알다시피 지구는 단 하나뿐입니다. 여러분 세대와 앞으로 다가올 미래 세대가 있기에, 우리는 지구를 돌봐야 한다는 책임감과 의무감을 느낍니다.

시릴은 이 책에서 우리가 사는 지구의 환경 문제와 부의 분배, 불평등에 관한 다양한 이야기를 들려줍니다. 어른의 설명이 다소 복잡하게 느껴지더라도, 여러분이 되도록 많은 것을 이해하기를 바랍니다. 시릴이 내놓는 해결책에도 관심을 가져 보세요. 우리 모두 날마다 지구를 위해 할 수 있는 일이 있답니다. 이 책은 지루한 교훈을 주려는 것이 아닙니다. 어떻게 하면 우리 모두가 나름의 방식으로 변화를 일으킬 수 있을지 아름다운 그림과 함께 이야기하고 있습니다. 여러분에게 뜻깊은 책 읽기가 되었으면 좋겠습니다.

부모님에게,

인류는 최후통첩을 받았습니다. 멸종되고 싶지 않으면 변하라는 명령입니다.

지구의 역사를 24시간으로 줄여 보면, 인간이 지구에 있던 시간은 겨우 2분밖에 안 됩니다. 인류가 등장한 것이 지구 최악의 환경 재앙이라고 해도 과언이 아니지요. 과학 발전과 기술로 인한 피해를 살펴보면 걱정을 하지 않을 수 없습니다.

책머리에 이 글을 쓰는 이유는 아이들을 교육하는 것이 무엇보다 중요하다고 강조하기 위해서입니다. 아이들에게 진실을 알려 주어야 할 때입니다. 널리 알려진 사실은 물론이고 보다 근본적인 문제까지도요. 아이들은 엄마, 아빠, 할아버지, 할머니와 마찬가지로 자신들도 자연의 일부라는 것을 알아야 합니다. 반드시요. 따라서 환경 문제는 아이들이 배워야 할 중요한 현실입니다. 생명은 신비할 뿐만 아니라 예측 불가능합니다.

오늘날의 비극적인 현실 앞에서 우리에게는 공동 목표가 생겼습니다. 인간 중심의 세계관에서 벗어나, 자연 환경과 조화를 이루어 살아가는 것이지요. 어린이들이 이 책 《내일을 바꾸는 작지만 확실한 행동》을 읽고 '함께 하는 삶'의 가치를 발견하기를 바랍니다.

피에르 라비

내가 피에르를 처음 만난 건 10년 전이에요.
그때 나는 스물여덟 살, 피에르는 예순여덟 살이었죠.
나는 도시에서 나고 자랐고, 피에르는 시골에서 나고 자랐어요.
나는 컴퓨터와 인터넷은 물론이고 유행하는 건 죄다 알고 있었어요.
피에르는 퇴비와 염소, 채소를 기르는 법과 배고픈 사람이 스스로 먹을거리를 구하도록 돕는 법을 잘 알고 있었고요.

피에르는 50년 넘게 농부이자 생태학자로 살았어요. 생태학자는 자연의 일부이며 자연에 기대어 살아가는 인간이 자연을 존중해야 한다고 주장하는 사람이지요. 지난 10년 동안 피에르는 내게 가슴을 울리는 이야기와 하하 껄껄 웃기는 이야기, 곰곰 생각에 잠기게 하는 이야기와 세상을 다르게 바라보게 만드는 이야기를 많이 들려주었어요.
나는 몇 년 뒤면 어른이 될 여러분과 함께 그 이야기를 나누려고 해요.

우리가 사는 지구는 그 어느 때보다 심각한 상황에 빠져 있어요.
지금 당장 우리가 손을 쓰지 않으면 30년 뒤에는 더 나빠질 거예요.
그 위험한 상황을 겪게 되는 건 바로 여러분 세대이고요.
그래서 여러분에게 함께 생각해 보자고 말하고 싶어요.
왜 우리가 이 지경까지 왔는지,
왜 우리는 지구를 위험에 빠뜨리는 행동을 하는지 말이에요.

이 책에 담긴 이야기는 과학적으로 분명히 밝혀진 진실이에요. 거기에 피에르와 내 의견을 보탰지요.
의견이란 세상을 바라보는 관점이에요. 언덕 꼭대기에서 내려다보는 풍경과 언덕 아래에서 보는 풍경은 달라요. 다른 언덕에 올라가면 또 달라 보일 거예요. 언덕을 많이 올라갈수록 세상을 바라보는 관점이 풍부해지겠죠. 그만큼 세상을 이해할 수 있게 될 거고요. 그러면 자신의 의견을 가지고 세상에서 어떤 역할을 할지 결정할 수 있게 돼요.

이 책이 여러분에게 도움이 되었으면 좋겠어요.

어느 날 지구가

친구 별을 만났어요.
친구 별이 지구를 보고 물었어요.
"불쌍한 지구! 엉망진창이 됐네.
어쩌다가 이렇게 된 거야?"
지구는 대답했어요.
"인간병에 걸렸어."
그 말에 친구 별이 다독였어요.
"아, 그랬구나. 걱정 마.
놔두면 알아서 사라질 테니까.
나도 인간병에 걸렸다가
말끔히 나았어.
지금은 아주 건강해."

옛 소련의 지도자인 고르바초프 대통령이 한 이야기예요.

내가 어렸을 때에는 환경 문제에 대해서 들어 본 적이 없어요. 빙하가 녹아내린다는 말도, 지구를 뜨겁게 만든다는 기체도, 벌거숭이가 되는 숲도, 사라져 가는 동물도요. 나는 이제 서른아홉 살이 되었고, 아홉 살과 열두 살짜리 아이가 있어요. 우리는 늘 환경 문제에 대해 이야기해요.

빠르게 사라지는 생물종

지난 40년 동안 척추동물의 절반이 지구에서 사라졌어요. 과학자들은 지금을 여섯 번째 대멸종 시대라고 말해요. 다섯 번째 대멸종 때 공룡이 사라졌죠. 2050년쯤이면 원숭이와 기린을 더 이상 볼 수 없을지 몰라요. 도저히 상상이 안 되지요?

삐걱거리는 기후

2016년 겨울, 북극의 기온은 영하 5도였어요. 원래 기온보다 20도나 오른 거예요. 지구가 뜨거워지고 있어요. 빙하가 녹으면서 해수면이 올라가면 수백만 명이 살던 곳을 떠나 '기후 난민'이 될 거예요. 태풍, 허리케인, 가뭄, 홍수가 점점 잦아지고, 지나치게 춥거나 더운 지역이 늘어나고 있어요. 기후가 삐걱거려요.

심각한 오염

공기와 강, 땅은 물론 바다까지 오염되었어요. 태평양에는 거대한 플라스틱 쓰레기 섬이 생겼어요. 과학자들은 프랑스 땅의 여섯 배, 한국 땅의 서른아홉 배나 되는 이 섬을 일곱 번째 대륙이라고 불러요. 이대로 가다간 2050년에는 바다에 물고기보다 쓰레기가 더 많을 거예요.
프랑스의 파리, 리옹, 그르노블에서는 자동차 없는 날을 만들었어요. 자동차 매연이 건강을 해치기 때문이죠. 중국에는 매연 때문에 하늘이 보이지 않는 날도 있어요.

자연을 파괴하는 인간

인간은 공장과 건물, 주차장과 쇼핑센터를 지으려고 숲과 들판을 없애요. 나무가 있어야 공기 중에 산소도 만들어지고, 자동차가 내뿜는 이산화탄소도 줄고, 기온도 내려가는데 말이에요. 게다가 나무는 동물들의 집과 먹이가 되어 주기도 하고요.
인간은 땅을 파서 금속이랑 가스, 석유를 캐내요. 난방을 하거나 탈것을 움직이는 데 필요한 연료를 구하려고요. 하지만 이렇게 만들어진 거대한 구덩이에는 사막이 생겨 더 이상 생명체가 살아갈 수 없게 돼요.

왜 인간은 자연을 파괴하는 걸까요? 우리는 이 문제를 생각해 보아야 합니다.

피에르는 인간과 동물의 행동이 어떻게 다른지 설명할 때 이 이야기를 들려주곤 해요.

"사자는 배가 고플 때에만
영양을 잡아먹는다네.
영양을 죽이려고 달려드는 것도 아니고,
고기를 저장하거나 팔려고 하는 것도 아니지.
창고가 없으니 친구에게
'내 창고에 영양 고기가 있으니까
넌 사냥하지 않아도 돼.'라고 말할 수도 없어."

생명은 생명을 위해 희생하지요. 그래야 생명이 끊임없이 이어지니까요.
그런데 인간은 생존을 위해 먹을거리를 구하려고 자연을 파괴하는 것만은 아니에요.
쌓아 두기 위해, 돈을 벌기 위해서지요. 계속해서 더 많은 돈을 벌려고요.
오늘날 이른바 발전되었다고 하는 선진국에서는 돈을 가장 중요한 가치로 여겨요.
돈은 모든 것을 이어 주는 에너지가 되었죠.
게다가 서양 사회는 돈을 시간의 척도로 생각해요. "시간은 돈이다."라는 끔찍한 말을 하죠.
시간을 돈으로 받아들이면 운명은 정해지는 거예요. 돈 버는 일 말고는 쓸데없는 시간
낭비일 뿐이니까요. 어떻게 해서라도 돈을 더 벌어야만 하는 거죠.

어렸을 때 이런 말을 많이 들었어요.
"공부를 잘해야 커서 좋은 직장에 다닐 수 있어."
부모님과 선생님도 그러셨죠.
"공부 열심히 안 하면 나중에 다리 밑에서 살게 된다."
직장이 없으면 돈을 벌 수 없으니 결국 거지가 될 거라는 말이에요.

**우리는 무슨 수를 쓰더라도 돈을 벌어야 한다고 배우며 자랐어요.
그래서 어떤 사람들은 돈을 벌려고 좋아하지도 않는 일을 해요.
돈이 있어야 집세도 내고, 먹을거리도 사고, 가스 요금, 전기 요금,
수도 요금을 내고, 사고 싶은 것을 살 수 있으니까요.**

그런데 좋아하지 않는 일을 하면 마음이 점점 허전해져요.
그런 마음을 달래려고 광고에 나오는 물건을 사는 거예요. 그 물건을 가지면 기분이 좋아질 것 같으니까요.
유행도 그래요. 오래된 휴대전화를 쓰면 남들보다 뒤처진 기분이 들지요? 다른 친구들은 최신 휴대전화를 가지고 다니고, 텔레비전에서도 새로운 게임 얘기만 하니까요. 또 작년에 나온 운동화는 아무도 신으려고 하지 않잖아요. 우리는 다른 친구들과 같아지고 싶어서 물건을 사고 또 사요.

하지만 그렇게 자꾸 무언가를 사려면 그만큼 돈을 많이 벌어야 해요.
그러려면 일을 더 많이 해야 하고요.

여유로운 시간을 갖거나 하고 싶은 일을 하는 게 아니라, 더 많이 사려고 더 많이 일하는 쳇바퀴 속에 갇혀 살아가는 거죠. 마치 죄수처럼요.

피에르가 종종 들려주는 상자 이야기를 해 줄게요.

현대 사회에서

인간이 어떻게 사는지 생각해 보았나?

유치원에서 대학교까지

네모난 건물에 갇혀 지낸다네.

네모난 대학을 졸업하면 돈을 벌려고

네모난 회사에 들어가서 일을 하지.

저녁이 되면 머리를 식히려고

네모난 차를 몰고

네모난 댄스 클럽에 들어가서 춤을 춘다네.

그러다가 나이가 들면

네모난 양로원에 들어가서

네모난 상자에 들어갈 날만 기다리는 거야.

그 상자가 뭔지는 알겠지?

우리에게 약속된 자유가 이런 거라면

나는 자유의 뜻을 제대로 몰랐던 셈이야….

태어나서 죽을 때까지

돈을 버느라 일에 허덕여요.
먹고살 돈을 버느라,
놀러 다닐 돈을 버느라,
다른 사람들이 일을 해서
돈을 벌게 하려고 물건을 사고,
물건 살 돈을 버느라
일하고 또 일하고….

그런 삶이 끊임없이 반복됩니다.

오늘날의 세상은 그렇게 돌아갑니다.
수십억 명의 사람이 더 많은 돈과 더 많은 물건이 필요하다고 생각하며 살아가지요.
도대체 왜 그러는 걸까요?

수백억 원의 돈, 드높은 명예, 으리으리한 집, 최고급 자동차, 최신 휴대전화를 모두 가지고 있으면 우리는 정말 행복할까요?
그렇게 많이 가져야 할까요?
먹을거리와 살 집, 입을 옷, 책과 음악 앨범, 약, 이동 수단, 가끔 여행을 즐기고 영화와 미술 작품을 감상할 수 있는 여유 정도만 있으면 충분하지 않나요?

우리가 생산하고 소비하면서 많은 가치를 만들어 내지만, 돈은 정작 몇몇 사람의 주머니로 들어갑니다.

피에르가 그러더군요.

"내가 아르데슈 지방에서 지낼 때
어머니와 가까이 살았다네.
매주 수요일, 시장이 파하면
어머니와 점심을 함께 들곤 했지.
어머니는 좋은 와인이 나기로 소문난
부르고뉴 지방에서 태어나셨는데,
다른 와인은 입에 대려고도 하지 않으셨어.
보르도 와인은 시큼하고,
코트 드 론 와인은 떨떠름하다나.
물은 말도 말게.
약 먹을 때조차 물은 안 드셨으니까.
난 어머니와는 반대였어.
와인을 마시면 소화가 되지 않았거든.

그래서 식사할 때 와인을 주문하면
어머니에게 그랬다네.
'잔만 부딪칠게요.'
그러면 어머니는 내 잔에 와인을 조금 따르고,
나머지를 다 마셔 버리셨지.
그러고는 식당을 나서다가 친구들과 마주치면
이렇게 말씀하셨다네.
'피에르하고 와인 한 병을 나눠 마셨다우.'
음, 세계에서 이루어지는 부의 분배도
거의 이런 식이지."

2017년 한 국제 단체의 연구 결과, 세계에서 가장 돈이 많은 부자 8명의 재산을 합치면 전 세계 하위 계층 절반인 36억 명의 재산과 비슷하다고 해요[1]. 또 전 세계 인구의 8퍼센트가 전 세계 부의 80퍼센트를 차지하고 있고요[2].

**친구 생일에 초대받았다고 생각해 봐요.
열 명이 모여 앉은 식탁 가운데 생일 케이크가 놓여 있어요.
그런데 한 명이 케이크 여덟 조각을 차지하고,
남은 두 조각을 아홉 명이 나눠 먹어요.
뭔가 이상하지 않나요?
지금 세계에서 이런 일이 일어나고 있어요.**

돈이 모자라는 게 아니에요. 이론적으로는 지구에 사는 모든 사람이 나눠 가질 수 있을 만큼 많아요. 제대로 나눠 갖지 못했을 뿐이죠.

**오늘날 세상에 많은 돈이 돌고 있는데도
6초에 한 명씩 어린이가 먹을거리가 없어 굶어 죽고,
7초에 한 명씩 치료를 받지 못해 죽어요.
전 세계에서 열 명에 한 명은 깨끗한 물을 마시지 못해요.
자동차를 닦을 수도 없을 만큼 더러운 물을 마시죠.
이런 예는 헤아릴 수 없이 많아요.**

전 세계의 굶주림과 빈곤 문제를 해결하고 심각하게 망가진 지역(스스로 회복될 수 없을 정도로 심각하게 자연이 훼손된 곳)을 되살리려면, 해마다 220조 원이 필요하다고 해요.

그런데 그 돈을 어디에서 구하죠?

전 세계에서 엄청난 부자들이 세금을 내지 않으려고 숨겨 둔 돈이 2경 2000조 원이 넘는다고 해요. 부자들이 그 돈을 은행에 맡기고 세금도 잘 낸다면, 매년 220조 원쯤은 거뜬히 모을 수 있을 거예요!

마지막 나무가
베어지고
마지막 강물이
오염되고
마지막 물고기가
사라지면
그제서야 인간은
돈을 먹을 수 없다는 걸
깨닫겠지요.

아메리카 원주민 아파치 부족 추장 제로니모가 한 말이에요.

사람들은 돈에만 매달려 살아요.
하지만 우리를 살게 하는 건 돈이 아니에요.
우리가 먹는 음식, 우리가 숨 쉬는 공기, 우리가 마시는 물,
추울 때 우리를 따뜻하게 해 주는 천연자원이 우리를 살게 하지요.

돈은 거래 수단일 뿐이에요.
그런데 우리는 돈을 벌려고 자연을 마구 파괴하고 있어요.

제정신이 아닌 것 같아요.

우리는 난방을 하려고, 또 이동을 하려고 지구의 기후를 이상하게 만드는 화석 연료를 사용해요.
우리는 음식을 먹으려고, 또 옷을 입으려고 숲의 나무를 베어 내고 거대한 밭을 만들어 작물을 심고 농약을 뿌려요. 농약 때문에 농부가 병들고, 곤충이 죽고, 물이 오염되고, 인간과 동물의 건강도 위험에 빠져요.
우리는 상품을 만들려고 자연을 파괴하고, 사람들을 열악한 노동 환경으로 내몰아요.

휴대전화는 이렇게 만들어져요[3].

휴대전화 한 대를 만들려면 500개가 넘는 부품이 필요해요. 금속, 광석, 희토류, 플라스틱, 유리 같은 재료를 전 세계 곳곳에서 가져와야 하죠.
금속을 채굴하려고 주변 환경을 다 망가뜨리며 광산을 파요. 콩고의 탄탈 광산은 온도가 43도까지 올라가서 쪄죽을 것 같이 덥고, 갱도도 언제 무너질지 모르게 위태로워요. 광부들은 이런 광산에 들어가서 하루에 열두 시간 이상 일을 하고요. 이렇게 힘들고 위험한 일을 하고는 하루에 겨우 1000~5000원을 벌죠. 그러고 나면 세계 곳곳에서 휴대전화의 수많은 부품이 만들어져요.

예를 들어, 아이폰 3G의 화면은 일본에서 생산되었어요. 카메라와 위성 위치 파악 시스템 GPS는 독일에서, 중앙 처리 장치는 한국에서, 기억 장치와 오디오 회로는 미국에서 만들어졌고요. 모든 부품은 중국에서 조립되었어요. 중국의 조립 공장에서 일하는 노동자들은 낮은 임금을 받으며 비좁은 공간에서 하루에 열두 시간씩, 일주일에 엿새를 일했어요.

이 모든 과정에는 에너지가 필요해요. 전기도 필요하고, 부품을 실어 나르려면 연료도 들지요. 이 에너지를 생산하려고 우리는 또다시 자연을 파괴해요. 부품을 실어 나르면서 지구의 온도를 높이는 온실 기체를 공기 중으로 내보내고요.
한마디로 재앙 그 자체입니다.

휴대전화는 또 얼마나 많이 만드나요.
지구에서 1초에 다섯 명의 아기가 태어나는데,
휴대전화는 47대가 팔려 나가요.
해마다 15억 대의 휴대전화를 만들려면
얼마나 많은 것을 파괴해야 하는지 생각해 봐요.

그렇다면 우리는 무엇을 할 수 있을까요?

어부가 하루 일을 마무리했습니다.
어부는 바닷가에 배를 묶어 두고는
배 위에 널어놓은 그물 아래서 쉬고 있었죠.
그때 한 남자가 지나가면서
어부의 배를 보더니 말을 건넸습니다.
"지금은 바다에 나가 계셔야죠."
"아니, 왜요?"
"돈을 벌어야죠.
그렇게 낮잠만 자면 아무것도 이룰 수 없어요.
저 배는 당신 건가요?"
"네."
"참 작네요."
"네, 작지요…."

"돈을 벌면 더 큰 배를 살 수 있어요."
"그 다음엔요?"
"물고기를 더 많이 잡을 수 있죠."
"그 다음엔요?"
"돈을 더 많이 벌어서 더 큰 배를 살 수 있죠."
"그 다음엔요?"
"당신 대신 일할 사람들을 고용하겠죠."
"그 다음엔요?"
"당신은 쉴 수 있어요."
"지금 제가 하고 있는 게 바로 그겁니다."

피에르는 종종 이런 얘기를 하곤 합니다.

"시간이 지나면 언젠가는
우리의 소유물이 우리를 지배할 걸세.
우리는 노예가 되는 거지.
검소한 삶이 사람을 자유롭게 한다네."

갖고 싶은 물건이 적을수록
돈은 덜 필요하고,
우리가 하고 싶은 일을 할 수 있는
기회는 많아져요.
이것이 변화의 시작이지요.

어렸을 때 나는 어른들이 왜 그러는지 이해하지 못했어요.
왜 아침마다 일하러 나가서 밤이 되어서야 돌아오는지,
왜 나가고 싶지 않은 날에도 일하러 가는지를요.
왜 하루 종일 하고 싶지도 않은 일을 하면서
쉬는 날만 기다리는지를요.
왜 매일 피곤하다고 하고 짜증을 내는지,
왜 매일 시간이 없다고 하는지를요.

난 어른이 되면 그러지 않겠다고 다짐했죠.
하지만 나도 우리 부모님과 똑같은 어른이 되었어요.
스트레스에 짓눌리고 두려움에 사로잡힌 어른이 되었죠.

주로 목표를 이루지 못할 것 같은 느낌이 들 때 사람들은 스트레스를 받아요.
시간이 부족해서, 할 일이 많아서, 더 빨리 하라는 재촉을 받으니까, 제대로 해내지 못할까 봐 스트레스를 받지요.

두려움은 스트레스보다 더 센 감정이에요. 아마 인간의 감정 가운데 가장 강력한 감정일 거예요.
사람들이 두려움을 느끼는 이유는 아주 많아요. 그 중에서도 죽음을 가장 두려워해요.
죽음에 대한 두려움은 다른 두려움에도 영향을 끼쳐요. 사랑받지 못할까 봐, 먹을거리나 돈이 부족할까 봐, 목표를 이루지 못할까 봐, 일을 그르칠까 봐, 다칠까 봐 느끼는 두려움을 더 크게 만들죠.
때로는 두려움이 도움이 되기도 해요. 자동차가 달려든다든지, 길가에 낭떠러지가 있다든지, 누군가 우리를 공격한다든지 하는 위험한 상황이 닥쳤을 때 그렇죠.
두려움을 느끼면 우리 몸은 더 빨리 반응해서 스스로를 보호하거든요.
하지만 우리 안에 두려움이 가득 차면, 두려움이 우리의 행동을 지배해요. 우리보다 더 힘이 세지는 거죠.

우리는 낮은 성적이 두려워서 학교에서 열심히 공부를 해요.
우리는 남들에게 무시당할까 봐 두려워서 유행하는 옷과 물건을 사요.
우리는 아무도 친하게 지내려고 하지 않을까 봐 두려워서 소셜 네트워크 서비스에 올린 게시물에 '좋아요'가 몇 번 눌렸는지 확인해요.
우리는 가난이 두려워서 좋아하지 않는 일을 참고 해요.
우리는 부족할까 봐 두려워서 물건과 먹을거리, 돈을 계속해서 쌓아 놓아요.
우리는 야생동물, 질병, 태풍, 추위가 두려워서 자연을 파괴하고, 고립된 공간에 공원을 만들어 자연을 가두고, 시멘트로 둘러싸인 도시에 살아요.
우리는 다른 사람이 우리를 공격하고 지배할까 봐 두려워서 전쟁을 벌이고,
더 강해지려고 무시무시한 무기를 쌓아 둡니다.

**우리는 두려움 때문에
이 세상을 전쟁터로 만들고
거대한 공사장으로 만들어요.
하지만 두려움에서 벗어날
좋은 방법이 있어요.**

"사랑하는 일을 직업으로 택하라.
그러면 평생 일하지 않아도 된다."

누가 처음 말했는지는 분명하지 않지만, 여러 사람의 입을 통해 전해지는 격언이에요.

사랑에는 여러 모습이 있어요.
사랑은 소중히 여기는 마음이에요.
열정이기도 하고요.
우리가 두려움을 떨쳐 내고
진짜 사랑하는 일에 도전한다면,
우리 삶이 바뀌고 세상이 바뀔 거예요.

혼자 있는 게 두려워서 하루 종일 사람들과 억지로 어울린다고 생각해 봐요.
사랑하는 사람과 함께 하루를 지내는 것만큼 좋을까요?

좋아하는 과목을 공부할 때 더 빨리 이해되고 더 쉽게 외워지는 걸 느껴 본 적이 있나요?
내 아들은 열두 살인데, 1958년부터 월드컵 축구 대회에서 우승한 나라를 줄줄 외울 수 있어요. 누가 골을 넣었고, 몇 골을 넣었는지도 훤히 꿰고 있죠. 또 미국 프로 농구 리그인 NBA에서 가장 좋아하는 팀의 선수 이름은 물론 누가 어디로 팀을 옮겼는지도 다 알고 있어요. 하지만 5분 전에 읽은 과학 교과서의 내용은 하나도 기억하지 못한답니다.

자신이 좋아하는 일을 하다 보면 더 잘하게 됩니다.
자크 브렐이라는 벨기에 가수는 "재능이란 갈망이다."라고 했어요.
좋아하고 잘할 수 있는 일을 할 때 성공 가능성이 커요. 사람들이 우리를 좋아할 가능성도 크고요. 그러니까 두려움을 가질 이유가 없겠죠?

훌륭한 일을 해서 수많은 사람을 감동시킨 이들을 생각해 봐요. 운동선수, 가수나 음악가, 화가, 작가, 평화에 기여한 사람, 달에 가는 방법을 알아낸 사람, 상형문자를 해독한 사람, 질병 치료법을 알아낸 사람 등 누구라도 좋아요. 이 사람들은 자기가 가장 좋아하고 가장 잘할 수 있는 일을 했어요.

누구에게나 재능이 있어요. 다른 사람보다 무언가를 잘한다면 그 무언가를 좋아하기 때문이에요. 테니스 역사상 가장 위대한 선수로 손꼽히는 로저 페더러가 2017년 초에 인터뷰를 했어요. 기자는 그에게 전성기를 누린 뒤에 순위가 내려간데다 나이도 꽤 들어서(그때 페더러는 서른다섯 살이었는데, 테니스 선수라면 은퇴할 나이죠.) 젊은 선수들을 상대로 이길 가능성이 별로 없는데 왜 계속해서 시합을 하느냐고 물었어요. 페더러의 대답은 간단했어요. "테니스 치는 게 좋으니까요. 내가 가장 좋아하는 일이거든요." 그리고 2주 뒤에 그는 모든 사람의 예상을 깨고 호주 오픈 테니스 대회에서 당당히 승리를 거머쥐며 열여덟 번째 그랜드 슬램을 달성했답니다.

우리가 무엇을 좋아하는지 알아내고 하고 싶은 일을 하자고요. 그러면 일할 때마다 신나고 즐거울 거예요. 그리고 네모난 상자에서 벗어나 더 나은 세상을 만드는 방법을 생각해 볼 수 있을 거예요.

어느 날 산에 큰불이 났어요.
동물들은 놀라고 겁에 질려
아무것도 하지 못한 채 지켜보기만 했어요.
그때 벌새 한 마리가 바쁘게 오갔어요.
부리에 머금은 물을 숲에 뿌려서
불을 끄려고 한 것이지요.
벌새를 지켜보던 아르마딜로가
어이없다는 듯이 말했어요.
"야, 벌새, 너 미친 거 아니야?
물 몇 모금으로 불을 끌 수 있을 것 같아?"
그러자 벌새가 대꾸했어요.
"나도 알아.
나는 그냥 내가 해야 할 일을 할 뿐이야."

지금까지 말한 문제를 해결하려면, 농약을 치지 않고 작물을 재배할 농부가 있어야 해요. 또 에너지 소비가 적은 집을 지을 건축가, 유기농 천으로 오래 입을 수 있는 옷을 만들 디자이너, 태양과 바람과 물로 에너지를 만들어 낼 기술자, 모든 것을 바꿀 준비가 된 새로운 정치 지도자가 필요하죠.

학교에는 아이들을 가르칠 새로운 방법을 생각해 낼 교육자가 필요해요. 그래야 아이들이 좋아하고 잘할 수 있는 일을 하도록 이끌어 줄 수 있으니까요.

누구에게나 재능이 있어요.
누구나 좋아하는 일을 할 수 있어요.
방법만 알아내면 되어요.

네덜란드 청년 보얀 슬랫은 열일곱 살 때 바다를 오염시키는 플라스틱 쓰레기를 수거할 수 있는 기발한 방법을 떠올렸어요. 그 아이디어가 워낙 좋아서 전 세계 160개국에서 3만 8000명의 사람들이 26억 원의 투자금을 모아 보내 주었어요. 그래서 보얀은 지금 수거 시설을 만들어 첫 시험을 하고 있지요.

아마도 많은 사람이 여러분에게 "좋아하는 일을 하는 건 불가능해. 인생은 그렇게 만만하지 않아. 어떻게 하고 싶은 일만 하고 사니?"라고 말할 거예요. 맞는 말이에요. 틀린 말이기도 하고요. 삶의 순간마다 우리는 선택할 수 있으니까요. 우리의 꿈이 당장 이루어지지 않더라도, 우리가 포기하지만 않는다면 언젠가 그 꿈에 닿을 수 있습니다.

나는 열두 살 때부터 줄곧 작가가 되는 게 꿈이었어요. 열세 살에 첫 소설을 썼고, 열일곱 살에 첫 시를 썼어요. 소설 세 편은 실패작이라 쓰레기통 신세가 되었지만요. 그래도 덕분에 글 쓰는 방법을 제대로 익힐 수 있었어요. 내가 쓴 시와 소설을 나는 열 군데가 넘는 출판사에 보내기도 했어요. 모두 거절당했지만 그 덕분에 나는 더 발전할 수 있었죠. 그러다 드디어 서른여섯 살에 첫 시집이 출간되었고, 서른일곱 살에 첫 어린이책이, 그리고 서른아홉 살에 첫 소설책이 나왔답니다.

여러분 안에서 끓어오르는, 매일 아침 이불을 박차고 나오게 하는 무언가를
절대 포기하지 말아요.
그런 일을 해야 여러분이 정말 행복하고 이 세상에 필요한 사람이 될 테니까요.

아프리카 부르키나파소에 이런 속담이 있어요.

**개미가 힘을 합치면
코끼리도 들어 올릴 수 있다.**

대한민국의 인구는 5000만 명이고 세계 인구는 70억 명입니다. 우리가 힘을 모아 작지만 할 수 있는 일을 확실히 하면, 우리는 내일을 바꿀 수 있어요.

먼저 일상생활에서 실천할 수 있는 작지만 확실한 행동을 알아보아요.

유기농 지역 농작물을 먹어요

농부들은 우리가 먹는 작물에 농약과 화학 비료를 뿌리지 말아야 해요.
지구 반대편에서 재배된 작물을 먹지 말아요. 안 그러면 우리 식탁에 오르기까지 작물을 수천 킬로미터나 운반해야 하니까요.
토양을 되살려서 다양한 곤충과 동물이 밭과 들에 돌아오도록 해요.

고기와 생선을 덜 먹어요

농장 동물을 먹일 콩이나 옥수수를 재배하려고 숲의 나무를 베어 내지 말아요.
지구 온난화를 일으키는 온실 기체의 배출을 줄여요.
돈을 아껴 쓰고 돈에 대한 욕심을 버려요.

마당이나 집 안에서 퇴비를 만들어요
지렁이가 음식물 찌꺼기를 퇴비로 만들어 준답니다

화학 비료를 쓰지 않고 토양과 식물에 영양분을 주어요.
쓰레기를 줄여서 쓰레기 수거 트럭과 쓰레기 매립장을 줄여요.

마당이 있다면 유기농 채소와 과일을 길러요

자연의 섭리를 배워요.
바깥에서 즐겁고 재미있게 놀아요.
맛있게 자란 채소와 탐스럽게 익은 과일을 먹어요.
먼 데서 가져오지 않은, 유기농 음식을 먹어요.
퇴비를 재사용해요.

4R 운동에 참여해요

물건과 옷을 만들려고 자연을 파괴하지 말아요.
돈을 아껴 쓰고 돈에 대한 욕심을 버려요.
쓰레기를 줄여서 쓰레기 수거 트럭과 쓰레기 매립장을 줄여요.

- 줄이기(Reduce) : 우리를 정말 행복하게 해 주는 물건만 사요. 덜 사서 더 오래 쓸 수 있는 물건으로요. 사기 전에 정말 필요한 것인지 곰곰이 생각해요.
- 재사용하기(Reuse) : 중고 제품을 사요. 입지 않는 옷, 쓰지 않는 물건이나 가구는 다른 사람과 바꾸어요.
- 고쳐서 쓰기(Repare) : 고장 난 제품을 그냥 버리지 말아요. 부품을 한두 개만 바꾸면 다시 쓸 수 있으니 수리점에 맡겨요.
- 재활용하기(Recycle) : 버릴 수밖에 없다면 재활용해서 새 물건을 만들 수 있게 플라스틱, 종이, 비닐, 금속, 천 등을 분리해서 버려요.

똑똑하게 소비해요

국내에서 만들어졌거나 윤리적으로 생산된 유기농 면 옷을 골라요.
그래야 면화 밭에 농약을 뿌리지 않아요.
그래야 운동화, 청바지, 티셔츠를 만드는 노동자들이 열악한 환경에서 일하지 않아요.
그래야 건강에 해로운 물질을 피할 수 있어요.

유기농 샤워 비누, 샴푸, 설거지 세제, 빨래 세제를 사요.
그래야 하수도로 내려가는 물을 오염시키지 않아요.
그래야 우리의 건강에 위험하지 않아요.

포장되지 않은 제품을 고르고, 비닐 봉지 대신 장바구니를 들어요.
그래야 플라스틱 사용을 줄일 수 있어요.
그래야 쓰레기가 줄고 쓰레기 수거 트럭과 쓰레기 매립장을 줄일 수 있어요.

가능하면 화석 연료로 움직이는 탈것 대신
자전거, 킥보드, 롤러스케이트, 스케이트보드를 타요
걷거나 대중교통을 이용해요

건강에 해롭고 지구의 온도를 높이는 온실 기체를 공기 중에 내보내지 말아요.
운동을 해요.

에너지를 절약해요

그래야 지구의 온도를 높이는 화석 연료와 우라늄을 사용하지 않을 수 있어요.
이것들을 채굴하느라 자연을 파괴하지 않아도 되고요.
돈을 아껴 쓰고 돈에 대한 욕심을 버려요.

실내 온도는 19도로 맞추고 추우면 스웨터를 하나 더 입어요.
쓰지 않는 전등이나 전자 제품은 꺼 두어요.
대기 전력을 차단할 수 있는 멀티탭을 연결해서 사용하지 않는 전자 제품으로 전류가
흐르지 않게 해요.
전기를 덜 소비하는 LED 전구를 사용해요.
에너지 효율 1등급 제품을 사용해요.
수돗물을 틀어 놓지 말아요. 특히 더운 물은 꼭 잠가요.

아름다움과 신비로움은 우리 삶의 뿌리이자 원천이에요. 피에르는 종종 아래 이야기를 들려주고는 했어요.

"한 50년 전에 나와 아내는 몽상에 터전을 마련하기로 마음먹었다네. 정말 아름다웠거든. 프랑스 남부 아르데슈 지방 산꼭대기에 있는 몽상은 고요했고, 맑은 공기와 신비로움으로 가득 차 있었지. 전기도 들어오지 않고, 수돗물도 나오지 않는데다가, 비라도 내리면 지나다닐 수도 없는 거칠고 메마른 땅이었지만 개의치 않았다네.
대출을 받으려고 은행에 서류를 냈더니 거기 사람들이 깜짝 놀라더군. 은행 기준으로는 비옥한 땅, 풍부한 물, 다니기 편한 장소가 가치 있을 테니까. 아름다움 같은 건 아예 생각하지도 않더라고. 어떻게 해서든지 은행의 수익성 기준을 맞추어야 했어.
나와 아내의 선택을 이해하는 사람은 드물었어. 그곳에 정착했을 때 우리는 정말 가난했는데, 그래도 다행히 우리에게는 작은 숲이 있었지. 어느 날, 동네 식당에서 만난 어떤 사람과 함께 숲에서 나무를 베기로 했다네.
우리 두 사람은 몇 시간 동안 쉬지 않고 나무를 베고는, 붉게 물들어 타는 노을과 지평선 위에 우뚝 솟은 나무를 바라보았어. 말로 표현할 수 없이 아름다운 장관에 황홀해진 나는 그 사람을 돌아보며 흥분을 감추지 못했지. 그러자 그 사람이 그러더군. '대단하네요. 적어도 10스테르는 되겠어요.'라고 말이야."

스테르는 목재의 부피를 나타내는 단위예요. 그 사람은 아름다운 풍경에는 관심이 없고 목재를 내다 팔 생각만 하고 있었던 모양이에요.

우리는

신비롭고 아름다운 자연을

감탄하며 바라보거나

돈을 벌기 위해

착취하고 파괴하거나

둘 중 하나를 선택할 수 있습니다.

우리는

사랑하거나 두려워하거나,

행복하거나 불행하거나,

나누어 갖거나 독차지하거나,

자신의 꿈을 이루거나

'남들처럼' 살아가거나

둘 중 하나를 선택할 수 있습니다.

언젠가 피에르가 물었어요.

"우리의 삶이
단지 세상에 태어나서,
학교에 다니고, 직장을 구하고,
일만 하다가 죽는 것일까?
그렇지 않다네.
우리는 훨씬 훌륭한 존재야."

우리 내면 깊은 곳에는
보물이 감춰져 있어요.
우리는 그 보물을 찾아내야 해요.
행복한 삶을 누려야 하고요.
그럼 세상이 훨씬 아름다워지겠지요?

글쓴이 시릴 디옹 Cyril Dion

영화 감독이자 작가입니다. 피에르 라비와 함께 환경 보호 단체 '콜리브리'를 만들었으며,
환경 다큐멘터리 영화 〈내일Demain〉로 2016년 세자르 영화제 최우수 다큐멘터리 상을 받았습니다.
《내일, 새로운 세상이 온다》,《내일-지속가능한 미래를 찾아 떠나는 루와 파블로의 세계 여행》을 썼습니다.
www.cyrildion.com

글쓴이 피에르 라비 Pierre Rabhi

농부이자 생태학자이며 작가입니다. 시릴 디옹과 함께 환경 보호 단체 '콜리브리'를 만들었습니다.
세계 여러 나라를 돌며 땅을 존중하는 농사법을 가르치고,
인간과 자연의 조화 속에서 소박하게 살아가는 삶의 의미를 전하고 있습니다.
우리나라에 소개된 책으로《피에르 라비의 자발적 소박함》,《미래를 심는 사람》,《사막의 정원사 무싸》등이 있습니다.
www.pierrerabhi.org

그린이 코스튐 트루아 피에스 Costume 3 pièces

일러스트레이션 에이전시이자 창작 스튜디오입니다. 2001년 설립 이래 '앙가주망', 즉 사회 참여를 핵심 가치로 삼아
예술 작품으로 다양한 사회 문제에 적극적으로 참여하고 있습니다.
이 책에 실린 그림은 시릴 디옹과 피에르 라비가 어린이들에게 보내는 메시지에 힘을 싣는 선언서와도 같습니다.

잔 데탈랑트 표지 | 플로랑스 블랑샤르 면지 | 세바스티앵 플라사르 2~3쪽 | 스테판 키엘 4쪽 | 잔 데탈랑트 6~7쪽
쥘리아 보테 9쪽 | 플라스틱비오니크 10쪽 | 엘렌 뷔이 13쪽 | 프레데리크 레베나 14쪽 | 조프루아 드 크레시 17쪽
제라르 뒤부아 18쪽 | 케빈 마나슈 20쪽 | 장-프랑수아 마르탱 24~25쪽 | 프랑수아 로카 27쪽 | 알렉스&마린 28쪽
세르주 블로크 31쪽 | 안-리즈 부텡 33쪽 | 크리스토프 메를랭 36~37쪽 | 지젤 발로조-바르댕 39쪽 | 르노 페랭 40쪽
브누아 베르제 43쪽 | 지안파올로 파니 44쪽 | 올라프 하제크 47쪽 | 에디트 카롱 49쪽 | 토마스 바스 51쪽 | 뱅상 마에 52쪽
케라스코에트 55쪽 | 요시이 히로시 56쪽 | 키드 애크니 58쪽 | 릴리 스크라치 61쪽 | 알랭 필롱 63쪽 | 샤를로트 가스토 65쪽
리자 조르당 67쪽

www.costume3pieces.com

옮긴이 권지현

번역가이자 교수입니다. 서울과 파리에서 번역을 전문으로 가르치는 학교에 다녔습니다.
지금은 다른 나라의 멋진 책을 우리말로 옮기면서,
이화여자대학교 통역번역대학원에서 번역가를 꿈꾸는 학생들을 가르치고 있습니다.
옮긴 책으로《내일, 새로운 세상이 온다》,《내일-지속가능한 미래를 찾아 떠나는 루와 파블로의 세계 여행》,
《세상은 어떻게 생겼을까?》,《그 다리 아니야, 빌리》,《가장 작은 거인과 가장 큰 난쟁이》,《목 짧은 기린》등이 있습니다.

참고 사이트

1 https://www.oxfam.org/fr/salle-de-presse/communiques/2017-01-16/huit-hommes-possedent-autant-que-la-moitie-de-la-population
2 http://www.inegalites.fr/spip.php?article1393
3 https://www.alsetic.fr/blog/52-les-coulisses-de-fabrication-du-smartphone

내일을 바꾸는 작지만 확실한 행동

글쓴이 시릴 디옹·피에르 라비 | 그린이 코스튐 트루아 피에스 | 옮긴이 권지현
펴낸이 곽미순 | 책임편집 이은파 | 디자인 김민서

펴낸곳 ㈜도서출판 한울림 | 편집 윤소라 이은파 박미화
디자인 김민서 이순영 | 마케팅 공태훈 윤도경 | 경영지원 김영석
출판등록 2004년 4월 12일(제2021-000317호) | 주소 서울특별시 마포구 희우정로16길 21
대표전화 02-2635-1400 | 팩스 02-2635-1415 | 블로그 blog.naver.com/hanulimkids
페이스북 www.facebook.com/hanulim | 인스타그램 www.instagram.com/hanulimkids

첫판 1쇄 펴낸날 2018년 3월 29일   13쇄 펴낸날 2024년 4월 19일
ISBN 979-11-87517-37-5   73330

이 책은 저작권법에 따라 보호받는 저작물이므로, 저작자와 출판사 양측의 허락 없이는 이 책의 일부 혹은 전체를 인용하거나 옮겨 실을 수 없습니다.

*한울림어린이는 ㈜도서출판 한울림의 어린이 책 브랜드입니다.
*잘못된 책은 바꾸어 드립니다.

어린이제품안전특별법에 의한 제품 표시   제조국 대한민국   사용연령 8세 이상